BEI GRIN MACHT SICH IHR WISSEN BEZAHLT

AF140289

- Wir veröffentlichen Ihre Hausarbeit,
  Bachelor- und Masterarbeit

- Ihr eigenes eBook und Buch -
  weltweit in allen wichtigen Shops

- Verdienen Sie an jedem Verkauf

Jetzt bei www.GRIN.com hochladen und kostenlos publizieren

Bibliografische Information der Deutschen Nationalbibliothek:

Die Deutsche Bibliothek verzeichnet diese Publikation in der Deutschen National-
bibliografie; detaillierte bibliografische Daten sind im Internet über http://dnb.d-
nb.de/ abrufbar.

Impressum:

Copyright © 2013 GRIN Verlag
Druck und Bindung: Books on Demand GmbH, Norderstedt Germany
ISBN: 9783668680104

Dieses Buch bei GRIN:

https://www.grin.com/document/416381

Irene von Lehn

Reflexionsbericht zum 2. Blockpraktikum. Jugendhilfe im Wohnheim für körperbehinderte Kinder und Jugendliche

GRIN Verlag

GRIN - Your knowledge has value

Der GRIN Verlag publiziert seit 1998 wissenschaftliche Arbeiten von Studenten, Hochschullehrern und anderen Akademikern als eBook und gedrucktes Buch. Die Verlagswebsite www.grin.com ist die ideale Plattform zur Veröffentlichung von Hausarbeiten, Abschlussarbeiten, wissenschaftlichen Aufsätzen, Dissertationen und Fachbüchern.

Besuchen Sie uns im Internet:

http://www.grin.com/

http://www.facebook.com/grincom

http://www.twitter.com/grin_com

Fachschule für Sozialwesen Dresden

Blockpraktikum 2- Jugendhilfe

im

Wohnheim für körperbehinderte Kinder und Jugendliche

Reflexionsbericht

im Zeitraum vom 03.12.2012 bis22.03.2013

Dresden, 28.03.2013

Inhaltsverzeichnis

1 Darstellung der Praxiseinrichtung

Ich habe das Wohnheim für körperbehinderte Kinder und Jugendliche für mein Praktikum ausgewählt. Das Konzept der Einrichtung hat mich sehr beeindruckt und mit den Grundsätzen der Erziehung konnte ich mich identifizieren. Ich habe mich beworben und nach der positiven Antwort dürfte ich meine Kräfte in diesem Wohnheim ausprobieren Das Ziel der Leitung und des Teams ist es, Kinder und Jugendliche mit Behinderungen durch individuelle Unterstützungsangebote ein Höchstmaß an Selbstständigkeit zu bieten und sie in ihrer Entwicklung entsprechend ihrer eigenen Zukunftsplanung zu unterstützen (vgl. Konzeption der Einrichtung) .

Das Wohnheim für körperbehinderte Kinder und Jugendliche befindet sich am Rande der XY und hat eine bevorzugte Lage. Das ausgedehnte Waldgebiet, in dem viele XY und Gäste Ruhe und Erholung, Natur und sportlichen Ausgleich suchen, beginnt hinter dem Zaun des Gebäudes. Der Waldspielplatz ist in der Nähe vom Wohnheim. Es sind nur wenige hundert Meter bis zu einem Wildgehege. Alle kulturellen und vielfältigen Angebote der Stadt XY sind vom Haus gut zu erreichen. Dafür können die öffentlichen Verkehrsmittel genutzt werden.

Die Förderschule für körperbehinderte Kinder befindet sich gleich in der Nachbarschaft. Viele Kinder aus dem Wohnheim besuchen die Schule. Dort steht auch eine Beratungsstelle zur Verfügung. Das Außengelände ist so gestaltet, dass die Anlagen für die Bedürfnisse, Wünsche und Ideen von Kindern und Jugendlichen, auch mit den Rollstühlen viel Raum bieten. In dem Schulhof befinden sich ein barrierefreien Spielplatz, Ballspielplatz und ein Bolzplatz zum Austoben. Der Spielplatz des Kinderheimes wurde 2010 aufwendig saniert und den Bedürfnissen der derzeitigen Bewohner angepasst. Das Gebäude des Wohnheimes ist ein Neubau und ganz auf die Bedürfnisse der Kinder zugeschnitten. Das Haus bietet beste Voraussetzungen für die Individualität und das Zusammenleben der Kinder, freundliche Wohn- und Lebensbedingungen für Kinder und Jugendliche mit körperlichen und schwerstmehrfacher Behinderungen. Vier kleine Wohngruppen fördern die familiäre Atmosphäre. Die Wohngruppen verfügen über gemütlichen Gemeinschaftsräumen mit integrierten Küchen. Es werden hier Einzel- und Doppelzimmer angeboten. Je zwei Kinder nutzen ein behindertengerechtes Bad mit Waschbecken, WC und Dusche. Es gibt ein modernes Pflegebad in jeder Etage. Ein Snoezelraum mit Wasserbett, Musikanlage und Lichteffekten ist bei den Kindern sehr beliebt. Das Haus verfügt über einen Hobbyraum und für Geburtstage und kulturelle

Veranstaltungen einen großen Raum. In jeder Etage gibt es eine großzügige Sonnenterrasse.

Im Wohnheim können 35 Bewohner vom Kleinkind bis zum Ende des Schulbesuches aufgenommen werden, wenn mehrere schwere Behinderungen in Kombination auftreten; herausforderndes Verhalten, Übergriffe auf andere Bewohner, Selbstaggression oder Weglauftendenzen im Vordergrund stehen; das Kindeswohl in der Herkunftsfamilie gefährdet (bei Gewalt, Vernachlässigung, Überforderung) (vgl. Konzeption der Einrichtung).

Je nach Bedarf werden Kinder und Jugendlichen an 250 Tagen/ Jahr oder 365 Tagen/ Jahr(intern oder extern) betreut. Es gibt unterschiedliche Betreuungsformen mit drei Zielgruppen:

- Intensivpflegegruppe(Kinder und Jugendliche mit schwerstmehrfacher Behinderung, die aufgrund der schweren Beeinträchtigung, besonders intensiver Pflege bedürfen)

-Intensiv-begleitetes Sozialtrainingsgruppe(Kinder und Jugendliche mit stark herausforderndem Verhalten, die aufgrund von psychischen sowie kognitiven Beeinträchtigungen einen besonders hohen Hilfebedarf bei der Integration in gesellschaftliche und soziale Struktur benötigen)

- Trainingswohngruppe(Kinder und Jugendliche im Schulpflichtigen Alter und mit vorrangig körperlicher Behinderung, welche altersentsprechend selbstständig sind, über ein angemessenes Sozialverhalten verfügen, kontaktfähig, nicht selbst- oder fremdaggressiv, konfliktfähig und angemessen, verkehrstüchtig sind sowie in der Lage, im Bedarfsfall Hilfe zu holen)(vgl. Konzeption der Einrichtung) .

Im Wohnheim arbeiten 17 Fachkräfte und Helfer/ innen. Es gibt drei Schichten(Früh-, Spät-und Nachtschicht) und verschiedene Dienste. Die Praktikanten und ehrenamtliche Mitarbeiter, Mitarbeiter/innen im freiwilligen sozialen Jahr oder im Bundesfreiwilligendienst unterstützen das professionelle Team.

Die Qualifikationen als Heilerziehungspfleger/in, Kranken- und Gesundheitspfleger/in, Erzieher/in mit der heilpädagogischen Zusatzqualifikation und Ergotherapeut/in werden durch regelmäßige Weiterbildungen, z.B. Umgang mit Aggression und Gewalt, Gebärdensprache, Hilfeplanung und Dokumentation ergänzt. Zur individuellen Betreuung und Behandlung kommen Therapeuten ins Haus(Physiotherapeuten und Ergotherapeuten, Logopäden, Musik- und Kunsttherapeuten) (vgl. Konzeption der Einrichtung).

2 Darstellung der aktuellen Gruppensituation

2.1 Darstellung der Veränderungen in der Gruppe

Die Gruppe besteht aus neun Kindern, davon drei Jugendliche im Alter von 10, 11 und 19 Jahren. Mehrere Kinder der Gruppe verständigen sich mit nonverbaler Sprache, weil die Kinder zum Teil oder überhaupt nicht sprechen können.

„ Der größte Teil unseres kommunikativen Verhaltens verläuft nichtverbal. ...Auch im Bereich der Erziehung spielt sich viel mehr Kommunikation nonverbal ab, als man oft meint" (Otto Speck, Menschen mit geistiger Behinderung, 2005; 10. Auflage, S.130).

Obwohl alle Kinder in der Gruppe sehr unterschiedlich von ihren Alter und Diagnosen sind, verstehen sie sich gut. Die Kinder haben gemeinsame Beschäftigungen und Interessen, wie z. B. Brettspiele, Bücher anschauen oder sich Trickfilme ansehen. Alle Kinder hören gern Musik und Hörbücher. Bei Jedem Kind muss die Sprache gefördert werden und jedes Kind braucht regelmäßige Physio- und Ergotherapien. Bei den kleinsten wird die Frühförderung durchgeführt.

Das kleinste Kind ist ein Junge im Alter von zwei Jahre. Der Junge ist ein ruhiges Kind. Er hat sich gut in die Gruppe eingelebt und fühlt sich in der Gruppe wohl. Der Junge hat verschiedene Entwicklungsstörungen und körperliche Behinderung. Bei dem Kind muss die Koordination verbessert und der Spielaufbau gefördert werden. Das Kind kann noch nicht laufen, aber hat große Motivation und macht immer neue Versuche. Seine Mutter besucht ihn nicht oft, weil sie noch ein kleineres Kind hat.

Ein Mädchen, das einzige Mädchen in der Gruppe, ist fünf Jahre alt und seit Februar 2013 besucht sie einen heilpädagogischen Kindergarten. Es ist ein ausgeglichenes Kind, welches sich durch Mimik und Gestik verständigen kann. Das Kind liebt Wasser. Baden und Duschen macht ihr großen Spaß. Das Mädchen ist blind und kann noch nicht sprechen. Kontakt wird durch Berührung und Geräusche zu dem Kind aufgenommen. Dadurch baut es Kontakt zu den Erziehern und den Kindern. Es lacht, „singt", wenn es ihm gut geht und „jammert", wenn es sich nicht gut fühlt. Das Mädchen hat ein Kommunikationsgerät, wodurch es die Stimme der Mutter hören und sich mit ihr" unterhalten" kann. Das Mädchen hat eine gute Beziehung zu den Eltern und ihrer jüngeren Schwestern. Bei dem Kind müssen Selbständigkeit, Konzentration und Wahrnehmung gefördert werden. Das Mädchen läuft nicht und muss mit dem Rollstuhl gefahren werden.

Wir haben in der Gruppe zwei Jungen, die gerne mit einander spielen. Ein Junge ist 6 und der Andere 8 Jahre alt. Ein Kind besucht den Kindergarten und das Andere die Schule für körperbehinderte Kinder. Beide Kinder zeigen sich als fröhliche und ausgeglichene

Jungen mit einem aufgeschlossenen Wesen gegenüber anderen Heimbewohner und dem Betreuungspersonal. Beide haben Mehrfachbehinderungen und bewegen sich mit der Hilfe der Rollstühle. Aufgrund fehlender Lautsprache artikulieren sie ihre Bedürfnisse, Wünsche durch verstärkte Mimik und Gestik, verbunden mit körperlichen Signalen. Traurigkeit und Ärger bringen sie mit lautem Weinen zum Ausdruck, Freude und Spaß wird durch Lachen sichtbar. Selbständiges Sitzen, Stehen oder Gehen ist ohne Hilfsmittel bei beiden Kindern nicht möglich. Ein Junge spielt gerne mit Bausteinen und Spielautos und der Andere mit Eisenbahn. Beide zeigen großes Interesse an Bücher. Besonders mögen sie Bastelbücher. Die Kinder schauen sich gern Trickfilme an.

Ein Junge in der Gruppe, der 8 Jahre alt ist, ist gehörlos. Durch seine Behinderung kann er nicht sprechen. Er unterhält sich mit den Erziehern und anderen Kindern durch Gebärdensprache, die er in der Schule lernt oder durch Geschrei, wenn ihm etwas nicht gefällt. Der Junge hat allgemeine Entwicklungsverzögerungen, deswegen verläuft sie sehr unterschiedlich und sprunghaft. Bei sehr intensiver Einzelzuwendung, die nicht immer möglich ist(aufgrund der personellen Situation) ist er offen für Beschäftigungsangeboten, wie z.B. Puzzeln oder Malen. Das Kind zeigt sehr oft erhebliche Verhaltensauffälligkeiten und Aggressivität zu den anderen Kindern und den Erziehern. Wenn er seinen Willen nicht durchsetzen kann, reagiert er unberechenbar, schreit, rennt weg, wirft sich hin und stampft mit den Füßen gegen alles. Er wirft manchmal mit Gegenständen und zerstört Sachgegenstände. Er provoziert und testet die Reaktionen der Erzieher. Bei dem Kind muss die Kommunikation verbessert und die aggressiven Verhaltensweisen abgebaut werden. Er braucht die psychologische Betreuung.

Ein Junge aus der Gruppe befindet sich in der Zeit im Krankenhaus in Leipzig. Der Junge ist 11 Jahre alt und ist ein Zwillingskind. Sein Bruder wohnt auch in dem Wohnheim, aber in einer anderen Gruppe. In der Schule werden die Kinder auch nicht zusammen unterrichtet, weil Kinder mit einander nicht zurechtkommen. Das trägt zu einer Verbesserung des Verhaltens bei. Der Junge hat große Schwierigkeiten, sich an angemessene Umgangsformen zu halten und Konflikte altersgemäß zu lösen. Er muss die schulische Forderungen akzeptieren und schulische Aufgaben erfüllen.

Am Anfang Februar ist zu uns noch ein Kind angekommen. Es ist 18 Monaten alt und hat eine Muskelerkrankung. Das Kind wird noch von Ärzten untersucht, um andere Diagnosen festzustellen. Er ist ein fröhlicher und ruhiger Junge.

In dieser Gruppe wohnen noch zwei Jugendliche, deren Entwicklung ich im nächsten Punkt darstellen möchte.

Sehr große Veränderungen habe ich nicht bei den Kindern beobachtet, weil mit den Diagnosen, die die Kinder haben, kaum deutliche Veränderungen für drei Monaten spürbar sind. Doch kleine positive Punkte habe ich erlebt, wie z.b. ein Junge seine Tasse mit zwei Händen genommen und trotz seiner Behinderung selbständig getrunken hat. Ich habe den Fall mit der Erzieherin besprochen und sie hat bestätigt, dass das Kind so etwas noch nicht gemacht hat. Ich denke, in dieser Situation wollte der Junge nicht mehr warten, dass jemand ihm hilft. Das zeigt, dass das Kind selbständig sein und seine Fertigkeiten und Fähigkeiten weiter entwickeln möchte. Das Kind, das in der Gruppe ab Februar dieses Jahres lebt, kann sich schon allein umdrehen und mit neuen Lauten hat angefangen. Der Junge versucht sein Gleichgewicht zu halten und gerade zu sitzen.

2.2 Darstellung der Entwicklung ausgewählter Kinder bzw. Jugendlicher

Ein Junge ist 10 und der Andere 19 Jahre alt. Der zehnjährige Junge hat einen leichten Grad der Intelligenzminderung und körperliche Behinderung. Er besucht die Schule für geistig behinderte Kinder und Jugendliche. Im großen Teil ist er selbständig, trotzdem muss er von den Erziehern immer kontrolliert und motiviert werden. Regeln und Normen befolgt er oft nur nach längeren Diskussionen. Die Spieltherapie zur Aufarbeitung seinen Erlebnissen nimmt er gerne an. Er bekam das therapeutische Reiten früher, was er gerne gemacht hat. Zurzeit geht es um die Erneuerung der Beschäftigung für den Junge. Bei dem Kind müssen die täglichen Abläufe gefestigt werden. Es muss Regeln und Normen in der Gemeinschaft anerkennen und seine Fähigkeiten und Kompetenzen weiter ausbauen. Im Vergleich mit der Zeit als er erst ins Wohnheim gekommen ist, hat das Kind in seiner Entwicklung große Schritte gemacht. Heute kann er allein duschen, die Haare waschen, Bekleidung bereitlegen. Beim erlernen persönlicher Hygiene benötigte er früher umfangreiche Anleitung des Erziehers. Er wäscht seine Wäsche allein auf. Dabei hat er Freude und nimmt Hinweise gern an. Bei der Nahrungsaufnahme hat der Junge gelernt, seine eingeschränkte Hand beim Essen mit Besteck mit einzusetzen. In Bezug auf die Auswahl und den Umfang einer gesunden Mahlzeit benötigt der Junge tägliche Anleitung. Der neunzehnjährige Jugendliche hat schwere Intelligenzminderung mit Verhaltensstörung. Er ist ein aufgeweckter und fröhlicher Junge. Phasen von Ausgelassenheit und Freude wechseln mit Abwesenheit und Desinteresse. Er hat einen ausgeprägten Willen und eine große motorische Unruhe. Er zeigt deutlich Freude und Unbehagen durch Gestik, Mimik und Lautäußerungen, wie z. B. Lachen, Knurren, Festhalten, Treten. Der Junge kennt die vorhandene Tagesstruktur. Zu den Mahlzeiten findet er seinen Platz. Essen hat für ihn eine große Bedeutung. Er ist in der Lage kleingeschnittene Nahrung mit der Gabel zu essen. Mit dem Löffel fällt es ihm noch schwer. Zu selbständigen Essen muss er immer neu motiviert werden. Wenn der Junge keine Lust hat mit der Gabel zu essen, lässt er das Besteck fallen und stopft alles mit den Fingern in den Mund. Auch zum ordentlichen Kauen muss er immer wieder aufgefordert werden. Er wendet sich nur kurzzeitig Dingen zu, die ihn faszinieren, wie z. B. große Bälle, bewegliche Bilder im Fernsehen oder Rollstühle schieben. Weil der Junge nicht räumlich und zeitlich orientiert ist, benötigt er immer ständiger Aufsicht. Im Haus muss immer darauf geachtet werden, dass er sich und andere Kinder nicht in Gefahr bringt. Er mag Autos und hat große Freude am Autofahren. Er badet gern und spielt mit Wasser. Die Körperpflege muss komplett übernommen werden. Wenn er „gute Laune" hat, macht er alles mit. Er streckt den richtigen Arm oder Bein aus und schlüpft in das Kleidungsstück. Auch das tägliche Toilettentraining muss durchgeführt werden. Auf einfache Aufforderungen reagiert er manchmal. Weil er motorisch sehr unruhig ist, muss er mit dem Bettgürtel beim Schlafen fixiert werden. Er soll lernen allein mit dem Löffel zu essen. Das soll bei ihm ständig trainiert werden. Entspannungen im Snoezelraum sollen seiner motorischen Unruhe entgegenwirken.

2.3 Analyse der Ursachen

„Ein erstes wichtiges Prinzip beim Umgang mit herausforderndem Verhalten ist also eine gründliche Analyse des Verhaltens und die Abklärung der Ursachen" (http://www.dgsuchtmedizin.de/fileadmin/documents/PSBFachtag_Berlin_2010/GudrunDo bslawTextversion.pdf).

Bei dem 10-jährigem Junge wurde Zustand nach Zwillingsfrühgeburt mit Intelligenzminderung leichten Grades als Diagnose gestellt. Der Junge braucht klare Anweisungen, Regeln und Festigung von täglichen Tagesabläufen.

Der 19-jährige Junge hat schwere Intelligenzminderung mit Verhaltensstörung. Der Junge hat motorische Unruhe. Beide Jugendliche haben auffälliges Verhalten und der 19-jährige zeigt manchmal Auto- und Fremdaggressivität.

„Von geistiger Behinderung spricht man, wenn das Lernverhalten stark beeinträchtigt ist (IQ unter 55). Geistig behinderte Menschen weisen auch in ihrem Gefühlsleben, der Sprache und ihren Bewegungsabläufen Störungen auf und sind auf Betreuung angewiesen" (http://schleich-brilon.eu/ausgewaehlte_behinderungsformen.htm).

Bei 20% aller diagnostizierten Formen von geistiger Behinderung ist die Ursache unbekannt.

Genmutationen, Fehlbindungen des Nervensystems, Chromosomenanomalien, exogene Einflüsse wie Infektionen, Strahlen, Umweltbelastungen, chemische Einwirkungen, Geburtstraumen, Sauerstoffmangel unter der Geburt, **Frühgeburt**, Erkrankungen des Neugeborenen, Entzündungen des ZNS, Gehirnentzündung, Schädel-Hirn-Traumen, Hirntumore, Intoxikationen, Sauerstoffmängel können die Ursachen für geistige Behinderung sein (vgl. Lernfeld 6, Dozentin Fr. K., Fornefeld, 2002). Geistig behinderte Kinder haben eine eingeschränkte Wahrnehmung. Die Lernfähigkeit ist bei ihnen stark beeinträchtigt. Das Gedächtnis und die Konzentrationsfähigkeit sind erheblich gestört. Die Schädigung geistiger Funktionen hat große Auswirkungen auf die Sprachentwicklung, die Koordination der Bewegungen und die emotionale Entwicklung (vgl. http://schleich-brilon.eu/ausgewaehlte_behinderungsformen.htm).

Gründe für herausforderndes bzw. aggressives Verhalten bei Kinder und Jugendlichen mit geistiger Behinderung können unterschiedlich sein. Es kann in Zusammenhang mit einer psychischen Störung auftreten. Wenn ein Kind durch seine Behinderung nicht hören und reden kann oder seine Bedürfnisse und Wunsche durch die Sprache nicht ausdrücken kann, es die anderen Kinder/ Erzieher nicht versteht oder überfordert wird, kann dies zu dem auffälligen bzw. aggressiven Verhalten führen (nach eigener Beobachtung wurde dies festgestellt).

3 Schwerpunkte der Reflexion

Ich bin in einem kleinen Dorf in der Ukraine geboren und in einer großen Familie aufgewachsen, wo neun Enkelkinder bei den Großeltern zusammengelebt haben. Als ich ein kleines Mädchen war, habe ich auf kleinere Kinder aufgepasst und erste Erfahrungen mit der Erziehung gesammelt.

Als ich mit meinen Eltern in die Stadt umgezogen bin, habe ich meine jüngere Schwester, bevor ich in die Schule ging, in den Kindergarten gebracht und nach der Schule abgeholt.

Nach meiner Ausbildung zog ich in eine andere Stadt um, um einen Arbeitsplatz zu bekommen. Dort heiratete ich und bekam meine Tochter.

Nach meiner Übersiedlung nach Deutschland, sollte ich mich für anderen Beruf entscheiden, da in diesem Beruf, den ich in der Ukraine gelernt habe, konnte ich nicht mehr tätig werden. Dann habe ich meinen Sohn bekommen und nach seiner Geburt habe ich mir erste Gedanken über den Erzieherberuf gemacht. Diese Abschnitte meines Lebens spielten eine sehr große Rolle bei meiner Entscheidung.

Danach absolvierte ich einen berufsbezogenen Sprachkurs, d.h. Deutsch im Beruf. Mein Praktikum durfte ich aus verschiedenen Bereichen aussuchen. Ich wollte meine Kräfte unbedingt in einem Kindergarten versuchen, um zu verstehen, ob ich wirklich für diesen Beruf geeignet bin. Als ich das Praktikum erfolgreich absolvierte, entschied ich mich für diesen Beruf. Ich wollte die Welt der Kinder besser verstehen, sie bei ihrem Entwicklungsprozess unterstützen und begleiten und ihr Leben interessanter gestalten.

Nach dem ich mir eine Sendung im TV über körperbehinderte Kinder angeschaut habe, wusste ich schon, dass ich mein zweites Blockpraktikum in einem Wohnheim für diese Kinder absolvieren möchte. Um die Kinder bei dem Entwicklungsprozess zu unterstützen und im Alltag zu begleiten, habe ich mein Ausbildungsplan erstellt und an meinen Zielen gearbeitet. Die Ziele, die ich mir gestellt habe, wurden von mir größtenteils erreicht.

In der Orientierungsphase wollte ich die Einrichtung und ihre Konzeption, alle Kinder und ihre Bedürfnisse, Interessen, Krankheitsbilder kennenlernen, mich mit verschiedenen Diensten u. a. Schulen, Kindergärten, Ärzten, Ergo- und Physiotherapeuten vertraut machen, was ich grundsätzlich gemacht habe. Dafür habe ich die Konzeption der Einrichtung und Anamnesen von Kindern gelesen, erste Kontakte zu den Kindern aufgenommen, sie in die Schule und den Kindergarten gebracht und wieder abgeholt und zu den Ärzten begleitet. Dadurch habe ich erste Erfahrungen mit der öffentlichen Arbeit der Einrichtung gemacht. Ich habe Lehrer und Erzieher, Ärzte und Therapeuten kennengelernt, mit den ich den Entwicklungsstand und verschiedene organisatorische Sachen besprochen habe. Ich wurde ihrerseits als Arbeitspartner voll akzeptiert. Ich habe z. B mit der Physiotherapeutin besprochen, wie man ein Kind beim Laufen unterstützen und die Orthesen richtig anziehen kann. Bei einem Arztbesuch habe ich über die Krankheit eines Kindes erzählt und über Empfehlungen des Arztes meinen Kollegen berichtet. Mit der Mutter eines Kindes habe ich über seinen Entwicklungsstand gesprochen und erzählt, welche positiven Schritte ihr Sohn schon gemacht hat.

Durch das Vertrauen zwischen mir und den Kollegen und Verständigung zwischen mir und den Kindern bin ich sicherer bei Erfüllung meiner pädagogischen Arbeit geworden. Dadurch stiegen mein Selbstbewusstsein und meine Selbständigkeit. Ich fühlte mich sicher und konnte verschiedene Aktivitäten und Ausflüge mit den Kindern durchführen. Mit einem Jungen haben wir zusammen einen Ausflug ins Kino geplant und durchgeführt. Bevor wir das Gebäude betretet haben, haben wir zusammen Regeln aufgestellt, an die sich der Junge die ganze Zeit gehalten hat.

Ich habe mir vorgenommen zusammen mit den Kindern einen Film über die Gruppe bei einer Aktivität zu drehen. Durch meine lange Abwesenheit, wegen der Krankheit und ungenügend Zeit, um die Erlaubnisse der Eltern und Betreuer zu bekommen, habe ich das nicht geschafft.

Mein Hauptziel, das ich während des Praktikums erreichen wollte, war die Gruppe selbständig führen zu können. Da Ich die Gruppe d.h. alle Kinder, ihre Interessen, Krankheitsbilder und Bedürfnisse gut kannte und beim Bedarf konsequent geblieben bin, habe ich das Ziel erreicht.

An einem Wochenende, als alle Kinder im Heim geblieben sind, war es sehr laut im Gruppenraum, draußen war schlechtes Wetter, um einen Spaziergang zu machen. Ich konnte auch nicht mehr als zwei Kinder mitnehmen. Deswegen habe ich mich für Basteln entschieden. Ich habe das Bastelbuch und die Wolle in den Gruppenraum gebracht. Kinder durften sich die Wolle mit ihren Lieblingsfarben aussuchen. Dann habe ich erzählt und gezeigt, wie man aus Wolle einen Pompon fertigen kann. Dafür habe ich mein Bastelbuch mit schönen bunten Bildern verwendet. Alle Kinder haben gut mitgearbeitet und hatten großen Spaß dabei. Bei der Aktivitätsdurchführung habe ich den Bildungsprozess unterstützt und körperliche Behinderungen von Kindern berücksichtigt z. B. mit dem Jungen, der Gehörlos ist, habe ich mich mit Mimik und Gestik unterhalten. Die kleinen Kinder durften auch mitmachen. Sie haben die Wolle getastet und dabei gespielt. So habe ich alle Kinder einbezogen und Entwicklung,- und Bildungsprozess bei ihnen gefördert.

Da die Kinder von Natur aus sehr neugierig sind, habe ich versucht diese Neugier zu wecken. Meine theoretischen Kenntnisse, die ich im Lernfeld 2 bei der Fr. G. erworben habe, konnte ich dabei gut umsetzen. An einem Tag langweilten sich die Kinder, aber für irgendwelche Aktivitäten hatten sie auch keine Lust. Dann habe ich Buntpapier genommen, mich an den Tisch gesetzt und angefangen einen Flugzeug zu falten. Nach einiger Zeit haben sich alle Kinder mit der Frage: „Was machen Sie" versammelt. Wir haben zwei Stunden verschiedene Modelle von Flugzeugen und Schiffen gefaltet und dabei noch Formen, wie z. B Dreieck und Viereck gelernt. Als die Flugzeuge durch den Gruppenraum geflogen sind, strahlten die Augen der Kinder vor Begeisterung.

Wie ich schon beobachtet habe, sind alle Kinder hilfsbereit und mögen die Zusammenarbeit, wobei sie großen Spaß haben. Deswegen habe ich für die Arbeit mit Kindern solche methodischen Vorgehensweisen verwendet. Mit einem Jungen sollte ich regelmäßig Hausaufgaben für die Schule machen, weil er Probleme beim Lesen hatte. Ich bin in sein Zimmer gegangen, um einen Text mit ihm zu lesen. Ich war verwirrt, als ich gesehen habe, dass der Junge mit einem Mädchen spielte. Ich wusste schon, wenn Kinder spielen, wird es sehr schwer sie aus dem Spiel zu ziehen, um die Hausaufgaben zu machen. Ich brauchte ein paar Sekunden, um die richtige Lösung zu finden. Dann fragte ich die Kinder, ob sie mir beim Lesen helfen könnten. Wie erwartet, bekam ich die Zustimmung von ihnen. Wir haben Rollen verteilt und gemeinsam den Text gelesen. Die Aufgabe wurde von mir erledigt, die Zeit war nicht verloren und die Kinder hatten die Möglichkeit, weiter beim Lesen zu „spielen". Bei den Aktivitäten habe ich mit den Kindern altersgerecht gesprochen und dabei die Behinderungen berücksichtigt. Solche Grundsätze der Aktivitätsdurchführung wie z. B Aufstellung von Regeln, wurden von mir immer eingehalten. Die Kinder kannten ihre Grenzen, die sie nicht überschreiten durften, dadurch fühlte ich mich sicherer. Bei jedem Verstoß gegen die Regeln, habe ich die Kinder immer daran erinnert, was wir vorher zusammen besprochen haben und dies hat gut funktioniert. Den größten Erfolg hatte ich bei ungeplanten Aktivitäten. Ich musste mich nicht an das Geschriebene halten, deswegen verhielt ich mich ruhig und natürlich. Bei der Arbeit mit Kindern sollte man sehr kreativ sein und nicht nur „Plan A", sondern auch „Plan B" und „Plan C" haben.

Um das gemeinsame Ziel zu erreichen, arbeitete ich mit Lehrern und Erziehern aus den Schulen und Kindergärten, Physio- und Ergotherapeuten, die in die Einrichtung kamen und sich in der Schule befanden, und mit Eltern und Betreuern von Kindern zusammen. Ich hatte die Möglichkeit, Entscheidungen selbständig zu treffen. Wie z. B. bei der Physiotherapie, konnte ich entscheiden, bei welchem Kind die Therapie zuerst durchgeführt wird. Wenn ein Kind gerade eingeschlafen ist oder gespielt hat, berücksichtigte ich dies. In der Schule habe ich mich mit der Physiotherapeutin darüber unterhalten, wie man einen Jungen beim Anziehen der Orthesen unterstützen kann. Meine eigene Mitarbeit im Team hat gut funktioniert. Ich wurde von Kollegen gut aufgenommen und als Arbeitspartner voll akzeptiert. Wir haben die Aufgaben geteilt und Informationen ausgetauscht. Meine theoretischen Kenntnisse, die ich im Lernfeld 6 bei der Fr. K. erworben habe, konnte ich gut umsetzen und meine Fachkompetenzen, die ich besitze, zeigen. Als viele Kollegen krankheitsbedingt abwesend waren, gab es keinen funktionierenden Informationsaustausch, so dass die Information über ein Kind nicht weitergegeben wurde. Eine Kollegin hat mich gefragt, ob ich Bescheid weiß. Ich habe erzählt, was das Kind braucht und wie man bei ihm besser vorgehen sollte. Ich habe während der ganzen Zeit das Kind betreut und gepflegt, mit Erziehern aus der Schule über das Kind gesprochen, deswegen wusste ich alles genau. Dadurch hatte ich das Vertrauen von Kollegen gewonnen. Ich durfte selbständig arbeiten und eigene Entscheidungen treffen. Im Januar hatte ich Möglichkeit an der Teamberatung teilzunehmen, dabei hatte ich meinen eigenen Einfluss auf organisatorische Gegebenheiten z. B eine Tafel mit kurzer Beschreibung der Besonderheiten der Kinder. Dies wurde von dem Team und der Leitung gut aufgenommen. Die Tafel sollte für neue Kollegen und Kolleginnen, die in anderen Gruppen arbeiten, bei Vertretung als Hilfe zur Verfügung stehen.

Ich hatte keine Möglichkeit räumliche Veränderungen durchzuführen, aber solche Kleinigkeiten wie z. B. den Tisch zum Ostern mit Tieren aus Pompons dekorieren oder die Bilder, die die Kinder gebastelt haben, an die Wand aufzuhängen, habe ich zusammen mit den Kindern gemacht. Das Plakat mit Kinderfotos haben wir zusammen gestaltet und im Freien an die Wand gehängt. Die Kinder waren sehr stolz darauf.

Um Kinder besser zu verstehen und ihr Verhalten zu analysieren, habe ich sie in der Gruppe und als Einzelnen die ganze Zeit beobachtet. Es gab Konflikte zwischen Kindern und Erziehern, mir und den Kindern, aber auch innere Konflikte, die ich beobachten und dann deuten konnte. Durch theoretische Kenntnisse, die ich im Lernfeld 2 bei der Fr. G. erworben habe, konnte ich mit Konfliktsituationen gut umgehen und mich richtig dabei verhalten. Ein Junge in der Gruppe hat ein Heft, in dem sein Verhalten jeden Tag mit dem lächelnden oder dem traurigen Gesicht bewertet wird. Je nachdem welches Verhalten der Junge den ganzen Tag aufwies, wurde er von Erziehern belohnt oder bestraft. An einem Abend hat es nicht mehr funktioniert. Der Junge verlangte sein Spiel von der Erzieherin, sie hat es verboten. Das Kind war sehr wütend. Der Junge hat angefangen Gegenstände um sich zu werfen und hat damit andere Kinder in Gefahr gebracht. Ich habe sofort reagiert, um die bestehende Gefahr abzuwehren. Damit das Kind sich beruhigen und über sein Verhalten nachdenken konnte, habe ich ihn in sein Zimmer gebracht und dort einige Zeit allein gelassen. In dieser Situation bin ich ruhig und konsequent geblieben. Danach habe ich mit dem Kind über sein Verhalten gesprochen.

„Manchmal braucht das Kind erst Abstand und die Möglichkeit, aus der Situation herausgeholt zu werden. Hier ist es sinnvoll, dem Kind die Möglichkeit zu geben, in sein Zimmer zu gehen, eine Art Auszeit zu ergreifen. Wichtig ist es in jedem Fall, erst später die Situation mit dem Kind zu besprechen"(http://www.a4k.de/themen/archiv/nach-monaten/november-2011).

Ein Mädchen aus der Gruppe zeigt manchmal Autoaggressivität, wenn es seinen Willen nicht durchsetzen kann. Es geschieht beim Duschen. Das Duschen bereitet dem Mädchen großen Spaß, sie möchte für längere Zeit unter der Dusche bleiben. Immer wenn ich das Mädchen aus dem Badezimmer in sein Bett brachte, fing es an sich zu beißen und zu weinen. Ich habe das Kind an dem Kopf gestreichelt und dabei ein Lied gesungen. Nur so hat es sich beruhigt.

„Es wird angenommen, selbstverletzendes Verhalten werde als "probates Mittel eingesetzt, um unangenehme oder Belastungssituationen zu vermeiden", um Aufforderungen auszuweichen oder Aufmerksamkeit herauszufordern. Selbstverletzendes Verhalten sei ein Mittel, um auf sich aufmerksam zu machen und Beachtung zu bewirken oder ein Hilferuf, nicht alleine gelassen zu werden, ein "Mittel, um körperliche und kommunikative Zuwendung zu bekommen" oder "um sich erfolgreich durchzusetzen"
(vgl. http://www.ph-heidelberg.de/fileadmin/user_upload/wp/klauss/svv.pdf).

Man sollte solchen Kindern mehr Aufmerksamkeit und Zeit widmen. Das Verhalten des Kindes kann man durch Musik, Singen, verschiedene Spiele und Aktivitäten positiv beeinflussen.

4. Fazit

Während meines Praktikums im Wohnheim für körperbehinderte Kinder und Jugendliche habe ich meine Fachkompetenzen, die ich besitze, verbessert, neue Erfahrungen gesammelt, die Erzieher unterstützt und Kinder beim Entwicklungs- und Bildungsprozess unterstützt und im Alltag begleitet. Weiterhin möchte ich die Gebärdensprache erlernen und neue Informationen über geistige Behinderungen gewinnen. Mein nächstes Praktikum möchte ich auch in einer heilpädagogischen Einrichtung absolvieren.

Quellenverzeichnis

Konzeption der Einrichtung 23.01.2013

Otto Speck, Menschen mit geistiger Behinderung, 2005; 10. Auflage, S.130

http://www.dgsuchtmedizin.de/fileadmin/documents/PSBFachtag_Berlin_2010/GudrunDo
bslawTextversion.pdf 07.02.2013

Lernfeld 6, Dozentin Fr. K., Fornefeld, 2002

http://www.a4k.de/themen/archiv/nach-monaten/november-2011 21.03.2013

Der eigene Ausbildungsplan von Irene Zuckov
Wohnheim für körperbehinderte Kinder und Jugendliche

Erfahrungsfelder	1. Phase der Orientierung (Teilziele und Aufgaben)	2. Phase der Erprobung, Vertiefung (Teilziele und Aufgaben)	3. Phase der autonomen Handlungskompetenz (Teilziele und Aufgaben)	Ziele der Praktikantin/ des Praktikanten (Ende des Praktikums)
1. Analyse der institutionellen und rechtlichen Rahmenbedingungen für das pädagogische Handeln in der Einrichtung	- Konzeption der Einrichtung lesen(personelle, räumliche, materielle Rahmenbedingungen) - Struktur der Einrichtung kennenlernen(Lage der Räume und das Außengelände; Tagesablauf) - den Träger der Einrichtung kennenlernen und sich über Ziele der Arbeit informieren	- sich mit der Dokumentation vertraut machen - sich gut in der Einrichtung orientieren können - sich über die Gelder (z. B Taschengeld) für Jugendliche informieren	- alle Jugendlichen in der Gruppe kennen (Name, Alter, Interessen, Hobbys) - die Krankheitsbilder der Jugendlichen kennen - Dokumentation teilweise ausfüllen können	- institutionelle und rechtliche Rahmenbedingungen des Wohnheimes kennen - die pädagogische Handeln in der Einrichtung kennen und bei der Arbeit berücksichtigen
2.Auseinandersetzung mit den Vernetzungen der Einrichtung mit anderen Diensten und dem Gemeinwesen sowie deren Formen der Öffentlichkeitsarbeit	- sich mit der Zusammenarbeit der Einrichtung und der anderen Diensten vertraut machen(z. B: Ärzte, Schulen, Praktikumsstellen) - sich über Vereine und Zentren der Jugendbeschäftigung informieren	- die Jugendlichen über Schulen und Praktikumsstellen, Ämter und Ärzte, Vereine und Beschäftigungszentren, die sie besuchen, erfragen - erste Kontakte mit öffentlichen Diensten aufnehmen	- mit Diensten der öffentlichen Arbeit zusammenarbeiten (z. B: - Begleiten zum Arzt; Abholen aus der Schule) - Hausaufgabenhefte kontrollieren und in Verbindung mit der Schule bleiben	- mit den Vernetzungen und mit anderen Diensten des einzelnen Jugendlichen aktiv arbeiten
3.Individuelle Unterstützung von Entwicklungsprozessen bei Kindern und Jugendlichen unter Berücksichtigung deren Biographie sowie der aktuellen Lebenslage	- die Gruppe und jeden Einzelnen in der Gruppe beobachten - erste Kontakte aufnehmen - Anamnesen der Kinder lesen - Ursachen der Grundheimaufnahme der Kinder erfragen	- Jugendliche weiterhin beobachten - Bedürfnisse jedes einzelnen verstehen und auf sie eingehen - Interessen herausfinden - sie bei der -- -Selbständigkeitsentwicklung unterstützen - sie im Alltag unterstützen, begleiten	- Jugendliche weiterhin beobachten - Aktivitäten mit der Gruppe, sowie mit den Einzelnen, planen und durchführen(z. B: Kochen und Backen; Basteln und Malen; Ausflüge machen)	- die Jugendlichen im Alltag unterstützen, begleiten und kontrollieren - Bedürfnisse und Interessen der Jugendlichen kennen - Biographie jedes

	- mehr über Betreuer und Eltern der Kinder erfahren	und kontrollieren(z. B: beim Wäschewaschen, Aufräumen des Zimmers, Kochen; beim Duschen, Zähneputzen; beim Anziehen und Ausziehen)		Einzelnen kennen und sie beim Entwicklung,-und Bildungsprozess unterstützen
4.Erproben des Einsatzes von unterschiedlichen Medien in der pädagogischen Arbeit mit Kindern und Jugendlichen	- sich mit Medien der Einrichtung vertraut machen - Medien, die die Jugendlichen meistens verwenden, erfahren (nach eigener Beobachtung)	- Gespräche mit Jugendlichen über Medien führen und zusammen ein Ausflug(z. B. ins Kino) planen dafür Computer benutzen: ▶ was kommt(Name des Filmes) ▶ wann kommt(Datum und Zeit) ▶ wie und wo werden die Karten gekauft	- Ausflug ins Kino mit Jugendlichen durchführen - Videokamera(nach der Absprache mit Jugendlichen) einsetzen und einen kurzen Film über die Gruppe bei einer Aktivität(z.B.: Backen, Kochen oder Basteln) drehen	- verschiedene Medien im Alltag der Jugendlichen verwenden(z. B: zusammen Bücher lesen; Filme anschauen; im Internet surfen, um verschiedene Informationen beschaffen zu können)
5.Integration von Anregungen zu gesundheitsbewusster Lebensweise in den Alltag der Einrichtung	- den Tagesablauf jedes Einzelnen erfahren - über Verpflegung erfahren (woher bekommen sie z. B. Mittagessen). - Kollegen beobachten: wie und welche Anweisungen sie geben, und wie Jugendliche darauf reagieren	- Jugendliche bei der Selbstversorgung unterstützen und begleiten(z. B beim Zähneputzen und Duschen, beim Frühstückvorbereiten und bei der Nahrungsaufnahme)	- Jugendliche im Alltag begleiten und bei Bedarf Anweisungen geben - über gesundes Essen sprechen - zusammen gesundes Essen kochen bzw. backen	- die Jugendlichen sind in der Lage zwischen gesundem Lebensstil und der Gefährdung der Gesundheit(z. B: gesunde und ungesunde Ernährung) zu unterscheiden - sie können unkomplizierte Gerichte mit der Hilfe der Erzieherin kochen und backen - sie verstehen solche wichtige Punkte wie: ▶ Ordnung und Sauberkeit im eigenen Zimmer als wichtiges Teil des Wohlbefindens der Jugendlichen

				► Körperhygiene und äußere Erscheinung als wichtiger Punkt im sozialen Leben der Jugendlichen
6. Beteiligung an Gesprächen und Diskussionen im Team: Einbringen eigener Analysen und Deutungen, Ableiten von Arbeitsaufgaben	- Kollegen kennenlernen - über die Aufgaben der Erzieher Informationen einholen - Bezugsbetreuungssystem kennenlernen	- Kollegen bei den Erzieheraufgaben unterstützen - Informationen austauschen	- Bei Veränderungen des Verhaltens und Entwicklungsstandes der Jugendlichen, Kollegen informieren - bei der Teamberatung (Januar) teilnehmen	- aktive Zusammenarbeit mit den Kollegen der Einrichtung Unterstützung und Begleitung bei den Aufgaben der Erzieher - aktive Teilnahme an Dienst- und Teamberatungen
7 Reflexion der Teilziele und Ziele	- Jede Woche ein Reflexionsgespräch mit der Praxisanleiterin führen - Arbeitstagebuch führen und meine Arbeit jeden Tag reflektieren	- Jede Woche ein Reflexionsgespräch mit der Praxisanleiterin führen und danach überlegen, wie ich meine Arbeit verbessern kann - weiterhin mein Arbeitstagebuch führen und jeden Tag reflektieren	- weitere Reflexionsgespräche führen, Anweisungen der Praxisanleiterin wahrnehmen und berücksichtigen - sich weiterhin reflektieren, meine Arbeit besser verstehen und durchführen	- nach der Reflexion meiner gesamten Arbeit die Bemerkungen der Praxisanleiterin wahrnehmen und ihre Vorschläge berücksichtigen - meine Arbeit richtig reflektieren können - weitere Ziele für die eigene Entwicklung für nächste Praktika ausarbeiten